Iguanodon

Grace Hansen

Abdo
DINOSAURIOS
Kids

abdopublishing.com

Published by Abdo Kids, a division of ABDO, P.O. Box 398166, Minneapolis, Minnesota 55439.

Copyright © 2018 by Abdo Consulting Group, Inc. International copyrights reserved in all countries. No part of this book may be reproduced in any form without written permission from the publisher.

Printed in the United States of America, North Mankato, Minnesota.

102017

012018

 THIS BOOK CONTAINS RECYCLED MATERIALS

Spanish Translator: Maria Puchol

Photo Credits: Alamy, iStock, Science Source, Shutterstock, Thinkstock, ©user:Ballista p.21 / CC-BY-SA-3.0

Production Contributors: Teddy Borth, Jennie Forsberg, Grace Hansen

Design Contributors: Dorothy Toth, Laura Mitchell

Publisher's Cataloging in Publication Data

Names: Hansen, Grace, author.

Title: Iguanodon / by Grace Hansen.

Other titles: Iguanodon. Spanish

Description: Minneapolis, Minnesota : Abdo Kids, 2018. | Series: Dinosaurios |
   Includes online resources and index.

Identifiers: LCCN 2017945912 | ISBN 9781532106514 (lib.bdg.) | ISBN 9781532107610 (ebook)

Subjects: LCSH: Iguanodon--Juvenile literature. | Dinosaurs--Behavior--Juvenile literature. |
   Herbivores, Fossil--Juvenile literature. | Spanish language materials--Juvenile literature.

Classification: DDC 567.914--dc23

LC record available at https://lccn.loc.gov/2017945912

Contenido

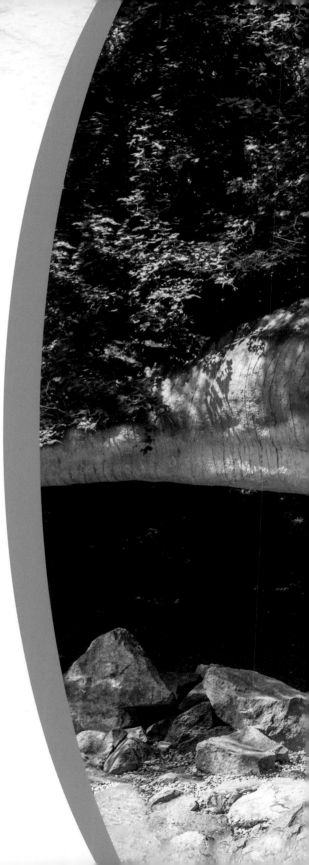

Iguanodon

El Iguanodon o Iguanodonte vivió a principios del **período Cretácico**, hace 125 millones de años.

4

5

El Iguanodonte era un

ornitópodo que comía plantas.

Cuerpo

Este dinosaurio podía llegar a crecer hasta 16 pies de alto (4.9 m). ¡Pesaba alrededor de 10,000 libras (4,536 kg)!

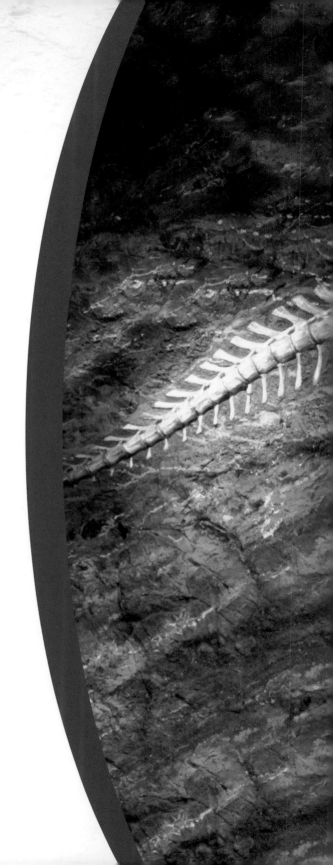

9

El Iguanodonte tenía las piernas traseras robustas. En cambio, sus brazos eran cortos y delgados.

11

Cada brazo terminaba en cuatro dedos y una garra. Estas garras las usaban probablemente para comer y luchar.

Los Iguanodontes caminaban
con las cuatro patas. Puede que
corrieran con las patas traseras
sólo. Su larga cola les servía
para **mantener el equilibrio**.

14

15

El Iguanodon tenía la cabeza pequeña. Arrancaba hojas con el **pico**. El Iguanodon podía masticar muy bien, ya que al fondo de la boca tenía dientes.

Clima y alimentación

En la era del Iguanodonte el **clima** era caliente y húmedo. Las plantas crecían por todas partes, este dinosaurio tenía mucho que comer.

Fósiles

Fósiles de Iguanodonte se han encontrado en muchos sitios del mundo. Los primeros los descubrieron en Inglaterra en 1822. Después han encontrado más en Europa, África y América del Norte.

20

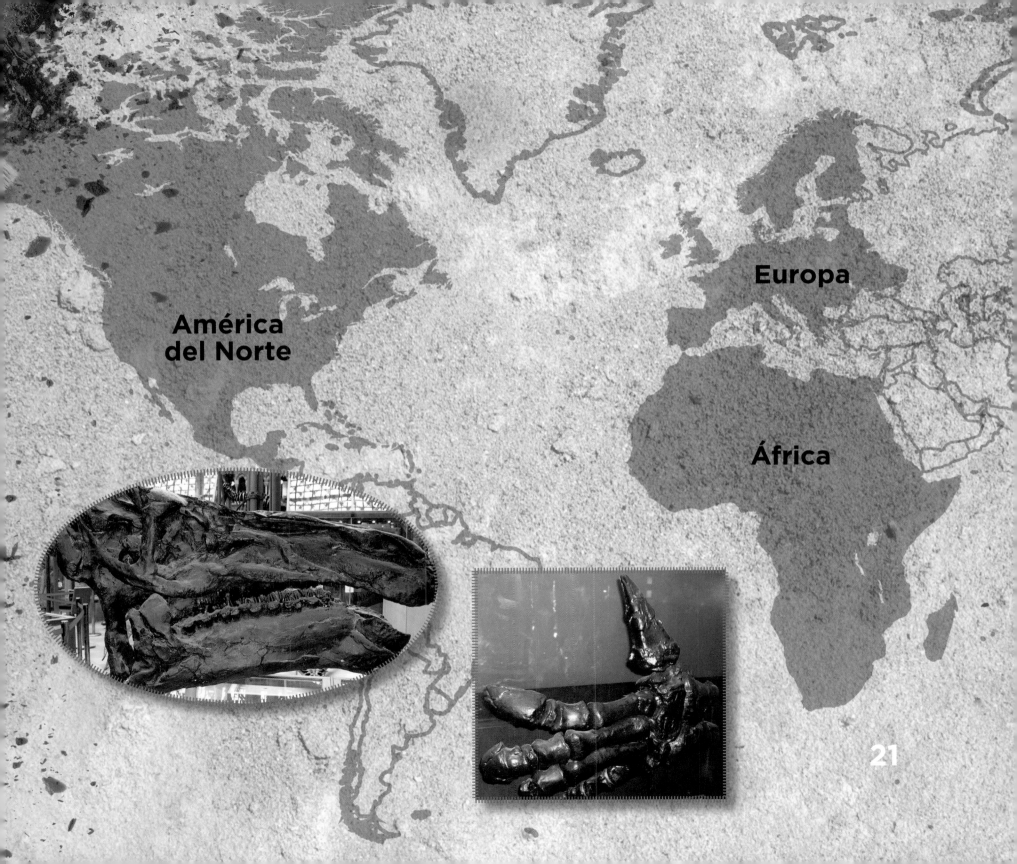

América
del Norte

Europa

África

21

Más datos

- Iguanodon significa "diente de iguana". Viene de los primeros **fósiles** que encontraron, ya que tenían dientes como los de las iguanas, aunque mucho más grandes.

- Huellas conservadas del Iguanodonte, encontradas en Inglaterra, muestran que estos dinosaurios se movían en grupo.

- En un principio se pensó que las garras de los pulgares del Iguanodon eran cuernos de la cabeza. Pero al descubrir más restos de este dinosaurio a partir de 1870 supieron que eran garras de las manos.

Glosario

clima – condiciones meteorológicas normales de una zona durante largos períodos de tiempo.

fósil – esqueletos o pisadas, es decir, restos o huellas de algo que vivió hace mucho tiempo.

mantener el equilibrio – distribución del peso que ayuda a que algo se mantenga erguido y no se caiga.

ornitópodo – tipo de dinosaurio herbívoro que a menudo caminaba o corría con las patas traseras.

período Cretácico – rocas de este período tienen a menudo muestras de los primeros insectos y las primeras plantas con flores. El final de este período, hace 65 millones de años, llevó a la extinción masiva de los dinosaurios.

pico – parte dura y puntiaguda de la boca de ciertos animales.

Índice

Abdo Kids
ONLINE
FREE! ONLINE MULTIMEDIA RESOURCES

¡Visita nuestra página abdokids.com y usa este código para tener acceso a juegos, manualidades, videos y mucho más!

Código Abdo Kids:
DIK0383